Für meine Oma, Gabin, Sixtine und Basile.

Mein Dank gilt Valérie Tracqui
und Erell Guéguen, ohne die dieses
Abenteuer ohne mich stattgefunden hätte.
M. B.

Die französische Originalausgabe erschien erstmals 2006 unter dem Titel "Mon encyclo de la nature" bei Éditions Milan.
www.editionsmilan.com

Aus dem Französischen von Nadine Scherr

Anschrift: Postfach 10 03 25, 73703 Esslingen
www.esslinger-verlag.de

ISBN 978-3-480-22276-6

Mein erstes Lexikon der Natur

Marie Brossoni

esslinger

Inhalt

Seite 8

Die Erde

Seite 18

Im Rhythmus der Natur

Seite 30

Landschaften

Seite 48

Pflanzen und Pilze

Seite 60

Die Welt der Blumen

Seite 72

Im Schatten der Bäume

Seite 82

Früchte in allen Farben

Seite 94

Leckeres Gemüse

Seite 106

Die Welt der Tiere

Die Erde

Die Erde ist unser Planet.
Im unendlichen Universum
umkreist sie die Sonne, während
sich der Mond um die Erde dreht.

Die Erde im Weltraum

Hoch über dir leuchten der Mond und die Sterne am Nachthimmel. Die Erde ist nur ein kleiner Planet unter vielen im unendlich weiten Universum.

Der Mond leuchtet am Nachthimmel – er wird von der Sonne angestrahlt.

Der Mond

Die Oberfläche des Mondes ist bedeckt von einer Schicht aus Steinen und Staub. Er ist 4-mal kleiner als die Erde und dreht sich um sie. Der Mond ist sehr schnell: Um einmal um die gesamte Erde zu wandern, braucht er nur 28 Tage!

Abends geht die Sonne am Horizont unter. Sie taucht die Savanne in ein wunderschönes orangenes Licht.

Die Sonne

Die Sonne ist ein Stern. Sie ist mehrere Millionen Kilometer von der Erde entfernt – das ist sehr weit. Trotzdem ist das Sonnenlicht nur einige Minuten unterwegs, bevor es bei uns ankommt.
Die Sonnenstrahlen sorgen für Licht und Wärme auf der Erde.

Viele einzelne Sterne bilden zusammen riesige Sternsysteme. Diese Sternsysteme nennt man auch Galaxien.

Die Galaxie

Wenn die Sonne untergeht, wird der Himmel dunkel. Die Sterne beginnen zu leuchten, einer nach dem anderen. Die meisten Sterne, die du über dir leuchten siehst, gehören zu unserer Galaxie – der Milchstraße. Sie sind sozusagen unsere weit entfernten Nachbarn.

Naturgewalten

Unsere Erde ist ständig in Bewegung. Auf der Erdoberfläche scheint alles ruhig und friedlich. Doch im Erdinneren sind gewaltige Kräfte am Werk.

Flutwellen

Auf dem Meeresgrund gibt es immer wieder Erdbeben. Dabei entstehen große Wellen auf der Meeresoberfläche. Wenn sie auf die Küste zusteuern, sind sie sehr gefährlich. Es kann eine riesige Flutwelle entstehen, die auf Japanisch *Tsunami* heißt.

Flutwellen sind so gewaltig, dass sie auf ihrem Weg alles mit sich reißen.

Einige Erdbeben sind so stark, dass sie ganze Städte zerstören können.

Erdbeben

Die Erdoberfläche gleicht einem großen Puzzle. Sie besteht aus mehreren einzelnen Platten. Manchmal stoßen diese Platten aneinander, dann bebt die Erde. Auch in Deutschland gibt es Erdbeben, aber die sind zum Glück so leicht, dass wir sie nur selten wahrnehmen.

Vulkane

Im Inneren der Erde ist es so heiß, dass die Gesteine schmelzen. Sie verwandeln sich in eine glühende Flüssigkeit, die man Magma nennt. Wenn ein Vulkan ausbricht, steigt das Magma an die Erdoberfläche.

Glühende Lava schießt aus dem Vulkan empor. So sieht ein Vulkanausbruch aus.

Der blaue Planet

Auf der Erde gibt es sehr viel Wasser. Es gestaltet die Landschaften auf der Erde. Jede Gegend sieht anders aus – je nachdem wie viel Wasser es dort gibt.

Wasser auf der Erde

Die Erde ist fast vollständig von Wasser bedeckt. Die Ozeane nehmen einen Großteil der Erdoberfläche ein. Ohne Wasser wäre ein Leben auf unserem Planeten nicht möglich. Pflanzen und Tiere brauchen Wasser zum Leben.

Was für ein schöner Planet! Das ist die Erde vom Weltraum aus betrachtet. Man nennt sie den blauen Planeten.

In dieser Wüste in Afrika regnet es nur ein- oder zweimal im Jahr.

Trockengebiete

In Gebieten, in denen es nicht genug Wasser gibt, trocknet der Boden aus. Pflanzen gedeihen nicht mehr, weil ihre Wurzeln unter der Erdoberfläche kein Wasser mehr finden. Für Menschen und Tiere ist das Leben hier sehr schwierig.

Sümpfe sind sehr feuchte Gebiete. Sie sind von Wasserläufen durchzogen, die immer wieder über die Ufer treten.

Feuchtgebiete

Die Gewässer in Sumpfgebieten sind sehr ruhig. Das Wasser versickert ganz langsam im Boden. So bilden sich große unterirdische Seen. Aus diesen Seen stammt das Wasser, das später bei uns zu Hause aus dem Wasserhahn kommt.

Erosion

Wasser und Wind verändern die Landschaft langsam. In den Bergen weht der Wind besonders stark. Das Wasser rinnt die Berghänge hinab und trägt dabei winzige Steinchen von der Bergoberfläche ab. Nach mehreren Millionen Jahren werden so aus spitzen Bergen runde Hügel.

Je älter die Gebirge werden, desto runder werden auch ihre Gipfel.

Der Wasserkreislauf

Wenn die Sonne scheint, verdunstet das Meerwasser und steigt als Luftfeuchtigkeit hinauf zum Himmel, wo sich Wolken bilden. Wenn es regnet, gelangt das Wasser wieder zurück auf die Erde und kann in den Flüssen zurück ins Meer fließen.

Das Meer und die Wolken

Über dem Meer werden die Wolken vom Wind angetrieben. So erreichen sie schließlich die Küste. Wenn sie sehr grau sind, fällt Regen. Einige Tropfen treffen auf dem Boden auf und versickern. Sie gelangen dann in die großen unterirdischen Seen. Wenn der Boden schon sehr nass ist, fließen die Regentropfen in den nächstgelegenen Fluss.
Hier beginnt nun erneut ihre Reise in Richtung Meer.

Mit lautem Getöse stürzen die Wassermassen als Wasserfall die Felsen hinab.

An der Küste mündet der Fluss ins Meer. Salzwasser und Süßwasser werden aufgewirbelt und vermischen sich.

Durch die Sonnenstrahlen verdunstet das Meerwasser ganz langsam. Es steigt nach oben in den Himmel und bildet dort Wolken.

Im Rhythmus der Natur

Die Natur verändert sich ständig.
Es wird Tag und dann wieder Nacht.
Der eben noch blaue Himmel bedeckt sich mit Wolken. Alle drei Monate beginnt eine neue Jahreszeit.

Tag und Nacht

Ein Tag dauert 24 Stunden. So lange braucht die Erde, um sich einmal ganz um ihre Achse zu drehen.

Der Tag

Für uns auf der Erde sieht es so aus, als würde sich die Sonne über den Himmel bewegen. Morgens steigt sie im Osten hoch hinauf, und am Abend geht sie im Westen wieder unter.
In Wirklichkeit ist es jedoch nicht die Sonne, die sich bewegt, sondern die Erde, die sich um sich selbst dreht.

Wenn es Tag wird, erhellt die Sonne die Landschaft.

Die Nacht

Wenn die Sonne untergeht, wird es bei uns dunkel. Ganz langsam verschwindet sie am Horizont. Die Sonne ist jedoch nicht wirklich verschwunden.
Sie schenkt nun den Ländern auf der anderen Seite der Erde ihr Licht.

Abends geht die Sonne am Horizont unter.

Tiere der Nacht

Wenn der Rest der Welt fest schläft, kommen viele Tiere erst aus ihrer Behausung hervor. Maus, Fuchs, Igel, Dachs und Eule werden erst im Mondschein richtig aktiv. Die Maus muss im Schutz der Dunkelheit stets auf der Hut sein, wenn sie nicht gefressen werden will …

Es ist Nacht. Die Eule sitzt auf einem Ast und lauert auf Mäuse, die ihre Hauptmahlzeit sind.

Frühling und Sommer

Die Natur erwacht! Nach dem langen Winterschlaf entfaltet sie nun ihre ganze Pracht. Alles ist bereit – der Frühling kann kommen!

Frühling

Seit dem Ende des Winters tragen die Bäume zahlreiche Knospen. Jetzt öffnen sich die Blüten. An den Zweigen sprießen überall kleine grüne Blätter. Die Bienen kommen aus ihrem Stock, um Nektar zu sammeln. Der Frühling ist da!

Im Frühling erwärmen die ersten Sonnenstrahlen das Land.

Im Nest geht es hoch her. Die Jungen sind geschlüpft und haben nun großen Hunger. Die Blaumeiseneltern sind jetzt 15 bis 20 Tage damit beschäftigt, ihren Nachwuchs zu füttern.

Frühlingsgefühle

Die Paarungszeit hat begonnen. Eifrig bereiten sich die Tiere auf die Geburt ihrer Jungen vor: Die Vögel brüten ihre Eier aus, und die Kaninchenmutter bereitet den Bau vor. Beeilung, bis die Jungen kommen, muss alles fertig sein!

Im warmen Sommer erfreut sich die Natur an der Sonne. Alles grünt und blüht.

Sommer

Ein warmer Wind weht sanft über das Land. An den Zweigen der Bäume wachsen viele Früchte. Glänzende Kirschen und saftige Aprikosen reifen unter der Sonne – bis eine kleine Naschkatze sie isst ...

Auf der Rinde des Baumes ist die Zikade gut getarnt. Sie singt den ganzen Sommer über.

Die Jahreszeit der Insekten

In der Sommerhitze tummeln sich viele Insekten. Bienen und Hummeln sammeln Nektar. Grillen und Zikaden singen aus vollem Hals. Schmetterlinge flattern von Blüte zu Blüte und trinken den Nektar der Blumen.

Herbst und Winter

Der Sommer ist vorüber. Jetzt schmückt sich der Wald mit den braunroten Farben des Herbstes. Schon bald wird dieser dem kalten Winter weichen.

Der Herbst

Die Blätter an den Bäumen haben ihre Farbe verändert. Bald werden sie herabfallen. Die Tiere fressen so viel sie können – der Winter steht vor der Tür und sie müssen sich rechtzeitig ihren Winterspeck anfressen.

Rot, gelb, und orange – der Herbst schmückt die Natur mit seinem schönsten Gewand.

Zugvögel

Im Herbst beginnt es kälter zu werden. Es gibt immer weniger Insekten. Jetzt ist die Zeit des großen Aufbruchs gekommen. Die Zugvögel machen sich startklar und fliegen in wärmere Länder. Sie werden erst im Frühjahr wieder zurückkehren.

Diese Gänse haben eine lange Reise vor sich. Sie werden bis nach Afrika fliegen und dort den Winter in der Sonne verbringen.

Nach einiger Zeit ist heute zum ersten Mal wieder die Sonne zum Vorschein gekommen. Es ist Winter, und die Landschaft ist schneebedeckt.

Der Winter

Im Winter ist der Boden hart und gefroren. Von Zeit zu Zeit fällt Schnee und hüllt alles in einen weißen Mantel. Für die Tiere im Wald ist es jetzt sehr schwer, Nahrung zu finden – sie kämpfen jeden Tag ums Überleben. Zum Glück kommt schon bald wieder der Frühling.

Winterschlaf

Um sich vor der Kälte und dem rauen Winter zu schützen, verbringen manche Tiere, wie der Siebenschläfer, das Murmeltier, das Eichhörnchen oder der Igel, den Winter in ihrem Bau. Sie fressen kaum noch und schlafen fast die ganze Zeit – sie halten Winterschlaf.

Der Siebenschläfer liegt zu einer Kugel zusammengerollt in seinem Bau und schläft den ganzen Winter.

Das Wetter

Das Wetter ist schon eine verrückte Sache ...
Sonnenschein, Wind oder Regen – alles ist möglich!

Violett, blau, grün, gelb, orange, rot – hast du schon einmal einen so schönen Regenbogen gesehen?

Der Regenbogen

Zwischen zwei Regenschauern kommt die Sonne hervor. Die Luft ist noch ganz feucht vom Regen. Das Sonnenlicht trifft auf die vielen kleinen Regentröpfchen und teilt sich in verschiedenfarbige Strahlen. So entsteht ein Regenbogen.

Die Sonnenwärme

Auf unserem Planeten lässt es sich gut leben. Die Sonnenstrahlen erhellen und erwärmen die Erde. Ohne die Sonne wäre es auf der Erde dunkel und eiskalt.

Heute ist das Wetter schön.
Der Himmel ist blau und die Sonne scheint.

Manchmal ist der Wind so stark, dass er Bäume entwurzeln und Hausdächer abdecken kann.

Der Wind

Wenn die Sonnenstrahlen die Luft erwärmen, steigt diese nach oben in den Himmel. Die kühle Luft bleibt unten. Die beiden Luftschichten liegen nun direkt übereinander und es entsteht Wind. Je größer der Temperaturunterschied, desto stärker ist auch der Wind. Ab einer bestimmten Geschwindigkeit bezeichnet man Wind auch als Sturm oder sogar als Orkan.

Die Sprache der Wolken

Die Wolken, die du am Himmel beobachten kannst, sehen ganz verschieden aus. Es gibt Schäfchenwolken, Gewitterwolken, weiße und graue Wolken, und manchmal bringen sie Regen. An ihrem Aussehen kann man das Wetter ablesen.

Wie eine Wolke entsteht

Wenn das Wasser im Meer von der Sonne erhitzt wird, verändert es sich. Es wird unsichtbar und leicht und steigt hoch hinauf in den Himmel. Dort oben ist es sehr kalt und das Wasser wird wieder flüssig. Es bilden sich kleine Wassertropfen, die sich zu einer großen Wolke zusammenschließen.

In den grauen Wolken sind die Wassertropfen ganz dicht aneinander gedrängt. Wenn sie zu schwer werden, fallen sie herunter – es regnet.

Wenn die Luft um die Wolke herum sehr kalt ist, gefrieren die Wassertropfen. Sie bilden kleine Eiskristalle, die aneinander festkleben – es schneit.

Die Wolken ziehen am Himmel entlang. Sie bestehen aus vielen winzigen Wassertropfen.

Landschaften

Das Wetter ist nicht überall auf der Erde gleich. An manchen Orten regnet es viel, und die Pflanzen gedeihen prächtig. In anderen Gebieten ist es sehr kalt, und die Landschaft ist schneeweiß. Jeder Naturraum hat sein eigenes Klima.

Majestätische Wälder

Auf der ganzen Welt gibt es Wälder. Doch diese sehen ganz verschieden aus. Nadelbäume, Laubbäume, Dornbüsche, Moose, Lianen, Farne – der Wald hat viele Gesichter.

Der Wald im gemäßigten Klima

Im Schatten der hohen Bäume wachsen kleine Sträucher. Sie benötigen zum Leben weniger Licht als die Bäume. Noch weiter unten wachsen Farne, Moose und Pilze. Sie mögen den feuchten Boden. Jede Pflanzenart im Wald bewohnt ihr eigenes Stockwerk.

Im Herbst verlieren die Bäume im gemäßigten Klima ihre Blätter. Im Frühjahr wachsen dann wieder neue.

Den Wald in kalten Ländern nennt man Taiga.

Die Taiga

Tannen, Fichten und Birken fühlen sich im Klima der Taiga wohl. Hier ist der Winter lang, und es ist sehr kalt. Nur zwei oder drei Wochen im Jahr ist die Luft warm. Die Pflanzen in diesen Regionen müssen sehr widerstandsfähig sein.

Im tropischen Regenwald regnet es mehrmals am Tag. So bekommen die Bäume reichlich Wasser. Sie brauchen es zum Wachsen.

Der tropische Regenwald

In den tropischen Regenwäldern gibt es Bäume, die so hoch sind wie ein 20-stöckiges Gebäude! Die kleinen Pflanzen haben da Mühe, etwas von den Sonnenstrahlen weit oben am Himmel abzubekommen. Ihre Zweige biegen und winden sich – so bahnen sich die Pflanzen ihren Weg ins Licht.

Weite Ebenen

Gras so weit das Auge reicht, dazwischen ein paar Hügel und einige Bäume. Sonst sieht man nichts am Horizont. Willkommen im Flachland!

Die Steppe

Im Winter weht ein eisiger Wind über die hohen Gräser der Steppe. Doch mit den wechselnden Jahreszeiten verändert sich das Klima. Im Sommer brennt die Sonne glühend heiß vom Himmel. Dann trocknet das Gras der Prärie aus und wird gelb.

Die Ebenen in Asien sind komplett mit Gras bedeckt. Das ist die eurasische Steppe.

Die Landwirtschaft

Die Felder werden heute immer größer, denn die Menschen benötigen für die Landwirtschaft viel Platz. Um mehr Ackerland zu gewinnen, werden sogar ganze Wälder gefällt. Bei der Ernte helfen heutzutage Maschinen.

Ebenen eignen sich ideal zum Ackerbau. Auf dem flachen Land können alle Maschinen gut fahren. Die Feldarbeit wird dadurch viel leichter.

Die Tundra

In der Nähe des Nordpols ist der Boden fast das ganze Jahr über gefroren. Der Sommer dauert nur drei Wochen – es wird nicht wärmer als 10 °C und das Eis schmilzt nur auf der Oberfläche! Deshalb müssen die Pflanzen in der Tundra schnell blühen, denn der Schnee und die Kälte kommen schon bald wieder zurück.

Die Pflanzen in der Tundra wachsen dicht am Boden. So entkommen sie dem eisigen Wind.

In der Pampa, einer Grassteppe in Südamerika, weiden riesige Schafherden.

Die Viehzucht

Im Flachland halten die Viehzüchter ihre Herden. Die Ziegen, Kühe und Schafe fressen das Gras, das in den Prärien wächst.

Die Savanne

In der Savanne brennt die Sonne monatelang auf die Landschaft herunter. Tiere und Pflanzen warten auf die Regenzeit. Leider dauert diese nie sehr lange.

Leben in der Savanne

Das Leben in der Savanne wird von der glühenden Sonne bestimmt. Deshalb verbringen die Tiere, die in diesen Regionen leben, die meiste Zeit im Schatten der Akazien. Die Wassertümpel sind zu schlammigen Pfützen vertrocknet. Zum Glück bringen die Regenschauer in der Regenzeit das lang ersehnte Wasser. Die Tiere genießen diese Erfrischung, und die Bäume der Savanne bilden Knospen.

Der Affenbrotbaum kann so groß werden wie ein Haus. In seinem riesigen Stamm speichert er Wasser.

Tiere müssen trinken, um zu überleben. Hier stillen sie ihren Durst an einem Tümpel.

Die Blätter der hohen Bäume dienen den Giraffen als Nahrung. Mit ihrem langen Hals sind sie die einzigen Tiere, die diese erreichen können!

Glühende Wüsten

Endlose Sanddünen liegen in der flirrenden Hitze – wo verstecken sich die Wüstenbewohner? Unter den Steinen, hinter den Kakteen, im Sand – sie sind überall!

Die Sandwüste

Sandwüsten sind Wüsten, deren Oberfläche größtenteils aus Sand besteht. Tagsüber ist die Hitze hier unerträglich – es kann über 50 °C heiß werden! In der Nacht fällt die Temperatur jedoch schnell ab. Jetzt begeben sich die Tiere der Wüste auf Nahrungssuche.

In der Wüste regnet es kaum. Oft fällt mehrere Monate lang kein Regen.

Der Kaktus

Die langen Wurzeln des Kaktus verlaufen wie ein ausgebreitetes Netz direkt unter der Erdoberfläche. So können sie auch die winzigsten Regentropfen, die auf den Wüstenboden fallen, auffangen. Dieses Wasser speichert der Kaktus dann in seinem Stamm.

Der Stamm des Kaktus ist mit Stacheln bedeckt. Aua, das piekst!

Manchmal gibt es mitten in der Wüste einen grünen, blühenden Ort. Hier wachsen Bäume, Blumen und Früchte an einer Wasserstelle. Das nennt man eine Oase.

Die Oase

Um sich das Leben in der Wüste zu erleichtern, leben die Menschen in Oasen. Sie sammeln Regenwasser und nutzen das wenige Wasser im Boden. Mit diesem Wasser bauen die Wüstenbewohner Getreide, verschiedene Gemüsesorten, Reis- und Futterpflanzen an. Sie pflanzen aber auch Bäume, wie zum Beispiel die Dattelpalme.

Nicht immer bestimmen Sanddünen das Bild der Wüste. Manchmal sind sie mit einer Schicht aus Fels bedeckt.

Die Felswüste

Die Sahara ist die größte Trockenwüste der Erde. Sie ist zu 70% eine Felswüste. Felswüsten bestehen nicht aus Sand oder Kieseln, sondern sind mit kantigen Steinsplittern bedeckt. Diese Wüstenart bezeichnet man im Arabischen als *Hamada*.

Warme Meere

In den Tropen treffen warmes Meerwasser und weiße Sandstrände aufeinander. Viele bunte Meeresbewohner tummeln sich in dem klaren Wasser. Die Fische hier haben sich in ihre strahlendsten Gewänder gehüllt!

In dem bunten Riff sind die farbenfrohen Fische perfekt getarnt.

Das Riff

Eine langgestreckte Reihe von Klippen oder eine schmale Sandbank im Meer vor der Küste nennt man Riff. Zahlreiche Tiere und Pflanzen sind hier zu Hause. Im Riff gibt es für alle genug zu fressen und viele Winkel, um sich zu verstecken. Die Fische schwimmen zwischen den Muscheln, Algen und Korallen herum. Doch Vorsicht – Haie streifen umher … kleine Fische, nehmt euch in Acht!

Aus Korallenkolonien entstehen große Riffe, in denen Fische Zuflucht finden.

Steinkorallen

In warmen Meeren gibt es häufig sogenannte Korallenbänke oder Korallenriffe. Diese werden von einem kleinen Tier gebaut – der Steinkoralle. Die Steinkoralle schützt sich, indem sie eine harte Hülle um sich herum bildet. Aus den Kalkskeletten der Korallenkolonien entsteht dann ein Korallenriff.

Die Kokosnuss wird von den Wellen getragen und an den Strand gespült. So gelangt sie auch auf die abgelegensten Inseln. Aus ihr entstehen prächtige Kokospalmen.

Die Lagune

Eine Lagune ist ein Gewässer, das durch ein Riff oder eine Sandbank vom Meer abgetrennt ist. Das Wasser ist hier sehr ruhig und klar. Man sieht alles, was darin vorbeischwimmt: den Rochen, der sich in den Sand flüchtet, und auch umherstreifende Haie.

Kalte Meere

Das tiefe Blau der kalten Meere birgt so manche Überraschung. Manchmal treiben darin große Eisberge. Doch vor allem leben hier zahlreiche Fischarten.

Auf dem Eis können die Pinguine nur langsam watscheln. Im Wasser jedoch sind sie sehr schnelle Taucher.

Der Pinguin

Pinguine leben auf dem Packeis und im Meer. Auf das Festland kommen sie nur, um ihre Eier abzulegen. Sie brüten im eisigen Winter und bringen immer nur ein einzelnes Junges zur Welt.

Der Fischfang

Früh am Morgen verlassen die Fischer mit ihren Booten den Hafen. Sie fahren aufs Meer hinaus, um Fische zu fangen. Oft müssen sie sehr weit hinaus fahren, wenn sie einen guten Fang machen wollen.

Die Fischerboote durchkreuzen die kalten Meere, weil es hier sehr viele Fische gibt.

Das Packeis

Am Nordpol wie auch am Südpol ist es so kalt, dass das Meerwasser gefriert. Im Winter ist das Wasser auf Hunderten von Kilometern mit einer Eisschicht bedeckt. Doch wenn der Sommer kommt, beginnt die Eisdecke zu knirschen und bricht an vielen Stellen auseinander. Riesige Eisblöcke lösen sich und schwimmen umher – so entstehen Eisberge.

Das Packeis ist eine dicke Eisschicht aus aufeinander geschobenen Eisschollen. Oft ruhen sich Robben darauf aus.

An der Küste

Die Wellen brechen sich an der Küste. Unter der Meeresoberfläche verbirgt sich eine eigene kleine Welt. Nur Geduld – bei Ebbe kommt sie zum Vorschein …

Die Steilküste

Auf der Steilküste sind die Vögel in Sicherheit. Wer sie stören will, muss schon fliegen können. Hier sind sie sicher vor Füchsen, die sie fressen oder ihre Eier stehlen wollen. Das Meer liegt direkt unter ihnen, sie müssen daher nur kurz auf Tauchgang gehen, um etwas zu fressen zu finden.

An der Felswand der Steilküste haben die Vögel ihre Nester gebaut.

Leben in Pfützen

Bei Ebbe kann man in den zurückbleibenden Wasserpfützen viele Tiere sehen. Kleine Krabben laufen um die Wette, und Garnelen ruhen sich aus. Auf den Felsen sitzen Napfschnecken und lassen sich die köstlichen frischen Algen schmecken … Hmmm!

Das Meer spült bei Ebbe viele seiner Bewohner auf die Felsen. Mehrere Stunden lang müssen manche Tiere nun außerhalb des Wassers überleben.

Wellen

Wind kommt auf.
Die Wasseroberfläche kräuselt sich. Tausende von kleinen Wellen entstehen. Wenn der Wind noch stärker wird, kommt das Meer in Bewegung. Ganz allmählich bilden sich große Wellen, die in Richtung Küste treiben.

Die Wellen treffen am Strand auf. Dort lassen sie einen weißen Schaum zurück, den man Gischt nennt.

Hier geht die Küste ins Meer über. Sie ist in einen Mantel aus Sand gehüllt. Was für ein schöner Strand!

Dünen

Dünen sind Erhebungen aus Sand, der vom Wind angeweht und abgelagert wird. Absperrungen sollen Strandspaziergänger davon abhalten, die Pflanzen, die im Sand wachsen, zu pflücken. Sie sind nämlich sehr wichtig – mit ihren Wurzeln halten sie den Sand fest. Ohne sie würden die Sanddünen vom Wind weggeweht..

Der Strand

Die Schatzsuche kann beginnen! Entlang des Strandes birgt das Meer zahlreiche Überraschungen im tiefen Sand. Kleine Muscheln und glänzende Steinchen verstecken sich im Kies.

Vom Wind verweht sammelt sich der Sand am Fuß der Düne.

In den Bergen

Das Leben in den Bergen ist nicht einfach. Die Pflanzen und Tiere im Gebirge müssen Kälte und Schnee aushalten.

Der Steinbock wacht über die felsigen Berghänge. Geschickt klettert er überall herum.

Verschiedene Höhenlagen

Je höher man in den Bergen hinaufsteigt, desto kälter wird es. Deshalb leben Pflanzen und Tiere auf verschiedenen Höhenlagen im Gebirge. Diejenigen, die am weitesten oben leben, wie zum Beispiel die Gämse und der Steinbock, haben sich der Kälte am besten angepasst.

Gletscher

Jahr für Jahr sammelt sich oben auf den Bergen der Schnee. Wenn mehr Schnee fällt, als im Sommer abtauen oder verdunsten kann, wird er zu Eis. Solche Schneeberge nennt man Gletscher. Ihre Gipfel werden immer höher, da jeden Winter neuer Schnee fällt. Weiter unten schmelzen die Gletscher ganz langsam.

Auf den Gipfeln der Gletscher schmilzt der Schnee nie.

Im Winter bedeckt der Schnee ganze Berghänge. Nicht ein einziger Grashalm schaut mehr unter dem Schnee hervor!

Der Schnee

Der Schnee schützt die Pflanzen vor der Kälte. Unter seinem weißen Mantel kann ihnen der eisige Wind nichts anhaben. Wenn der Schnee im Frühjahr schmilzt, sind die Pflanzen in Topform! Schon bald sind die Berghänge wieder mit einem Meer aus Blumen bedeckt.

Pflanzen und Pilze

Die meisten Pflanzen wachsen auf dem Boden und sind mit ihren Wurzeln fest in der Erde verankert. Pflanzen sind Lebewesen. Sie benötigen zum Leben Luft, Wasser und Licht.

Die Vielfalt der Pilze

Der Herbst ist da – die Pilzsaison hat begonnen! Nun findest du im Wald oder auf Wiesen rote, weiße, braune, große und kleine Pilze. Lecker! Aber Vorsicht – manche sind giftig!

Der Pfifferling ist ein sehr schmackhafter Pilz.

Essbare Pilze

Einige Pilze, wie zum Beispiel den Steinpilz oder die Morchel, kann man essen. Roh oder als Omelett zubereitet sind sie ein Genuss für jeden Feinschmecker. Dein Apotheker kennt sich mit Pilzen aus. Wenn du Pilze gesammelt hast, solltest du sie ihm zeigen – er kann dir sagen, ob sie essbar sind.

Parasitische Pilze

Sicher hast du schon Pilze gesehen, die auf anderen Pflanzen leben und sich von diesen ernähren. Diese Art von Pilzen nennt man Parasiten. Sie schädigen die Pflanzen, die daraufhin krank werden und nicht mehr wachsen können. Um ihre Pflanzen vor solchen Pilzen zu schützen, müssen die Bauern sie mit bestimmten Produkten, so genannten Fungiziden, besprühen.

Manche Pilze wachsen auf Baumstämmen. Sie schädigen den Baumstamm und er wird schließlich morsch

Diese Fliegenpilze können tödlich sein, wenn man sie isst.

Giftige Pilze

Viele Pilze sind giftig. Wenn man sie isst, kann man starke Bauchschmerzen bekommen. Einige können sogar tödlich sein! Daher ist Vorsicht geboten: Nachdem man diese Pilze angefasst hat, muss man sich immer gründlich die Hände waschen!

Schimmelpilze

Schimmelpilze sind winzige Pilze, die oft auf faulenden Lebensmitteln wachsen. Es gibt giftige und ungiftige Arten. Ungiftige verwendet man zum Beispiel für bestimmte Käsesorten, wie Blauschimmelkäse oder Camembert. Aus manchen Schimmelpilzen werden auch Medikamente hergestellt.

Schimmel bildet sich oft auf überreifem Obst.

Überlebenskünstler

Flechten, Moose, Algen und Farne tragen keine Blüten. Nicht einmal im Frühling! Deshalb nennt man sie auch primitive Pflanzen.

Im Schatten der Bäume entfalten die Farne ihre Blattwedel.

Farne

Farne sind kleine Pflanzen, die man in unseren Wäldern an schattigen und feuchten Stellen findet. Vor sehr langer Zeit gab es bei uns Farne, die so groß waren wie Bäume! Heute wachsen diese gigantischen Pflanzen nur noch in den tropischen Regenwäldern.

Flechten

Flechten bestehen aus einem Pilz und einer oder mehreren winzigen Algen. Die Algen liegen versteckt im Inneren, wo sie vor den Sonnenstrahlen geschützt sind. Sie produzieren die Nahrung für den Pilz.

Flechten wachsen überall auf der Welt. Dazu brauchen sie noch nicht einmal Erde.

Algen

Im Meer, in Seen, in Flüssen und Teichen – viele Algen leben hauptsächlich da, wo es Wasser gibt. Sie wachsen in unterschiedlichen Tiefen. Grüne Algen wachsen nahe der Wasseroberfläche. Um braune oder rote Algen zu sehen, muss man jedoch tief ins Wasser hinabtauchen.

Moose

Moose haben keine Wurzeln. Sie sind zwar im Boden verankert, können aber kein Wasser und damit auch keine Nährsalze aus ihm aufnehmen. Zu viel Sonne ist für Moose gefährlich – sie können austrocknen. Deshalb wächst Moos an schattigen, feuchten Plätzen.

Diese Alge klammert sich am Felsen fest und wird von der Strömung hin- und hergewiegt.

Moose sind die ältesten Pflanzen der Erde. Sie wuchsen schon lange bevor es Bäume gab.

Wunder Samen

Samenpflanzen vermehren sich mit Hilfe ihrer Blüten. Wenn diese mit Pollen bestäubt werden, bilden sich Samen. Aus diesen Samen wachsen dann wieder neue Pflanzen.

Samenpflanzen

Obstbäume, Rosenstöcke, Sonnenblumen, Tannen und Kiefern produzieren viele Samen. Diese werden von Insekten oder dem Wind weggetragen oder von Vögeln gefressen. Die Samen gehen so oft auf eine lange Reise und landen weit weg von der Pflanze, in der sie entstanden sind.

Die Blüten der Kiefern und Tannen heißen Zapfen. Sie tragen die Samen zwischen ihren Schuppen.

Die stachelige Hülle der Esskastanie hat sich geöffnet. Auch Kastanien sind Samen ihres Baumes. Bald werden sie vom Baum fallen.

In der Mitte der Sonnenblumenblüten verbergen sich zahlreiche Samenkörner.

Früchte der Felder

Getreide wird auf großen Feldern angebaut. Manche Sorten kann man essen, aus anderen wird Mehl hergestellt und mit einigen füttern die Bauern ihre Tiere.

Die Reisbauern überschwemmen das Land mit Wasser aus den angrenzenden Flüssen. So wird ein Reisfeld angelegt.

Reis

Die Hälfte der Erdbevölkerung ernährt sich von Reis! Angebaut wird er in Asien, Afrika, Amerika und in einigen Ländern Europas. Es gibt aber auch wilden Reis, der hauptsächlich in Asien wächst. Reis braucht zum Wachsen ein warmes Klima und sehr viel Wasser.

Weizen ist das Getreide, das in den gemäßigten Klimazonen am häufigsten angebaut wird.

Weizen

Eine Weizenähre kann man für vieles verwenden. Weizenarten, deren Körner weich sind, werden gemahlen und es wird Mehl aus ihnen gemacht. Weizenarten mit harten Körnern verwendet man für Nudeln oder Grieß. Auch die Brötchen, die du zum Frühstück isst, werden aus Weizen hergestellt.

Im Innern des Zuckerrohrs verbirgt sich ein Schatz – ein köstlicher süßer Saft!

Zuckerrohr

Aus Zuckerrohr wird, wie sein Name schon verrät, Zucker hergestellt. Angebaut wird es in tropischen Ländern, wo es warm und feucht ist. Man presst die Rohre, um den Zuckerrohrsaft zu erhalten. In Brasilien wird Zuckerrohr aber auch dazu verwendet, einen Schnaps, den Cachaça, zu brennen.

Mais

Maiskörner kann man im Salat essen. Aber die Bauern füttern auch oft ihre Tiere mit den Maiskolben. Wusstest du, dass man aus Mais auch Öl und Margarine, und sogar leckeres Popcorn herstellt?

Um alle Körner eines Maiskolbens zu zählen würdest du sehr lange brauchen – es sind über 1000!

Hirse

Hirse ist ein Getreide, das sehr unempfindlich gegen Trockenheit ist. Angebaut wird sie in Afrika und Indien. Wenn kein Regen mehr fällt, hört die Hirse zwar auf zu wachsen, doch die Hitze kann ihr nichts anhaben. Sie wächst einfach weiter, sobald es wieder regnet.

Die Hirsekörner werden gemahlen, um Mehl herzustellen. Die Halme verfüttert man dann an Kühe und Ziegen.

Wildkräuter

Der Gärtner hat ein wachsames Auge auf die Wildkräuter in seinem Garten. Sie sollen nicht zwischen seinen Blumen wachsen. Doch Wildkraut ist auch oft sehr nützlich. Manche Arten kann man essen oder zu Heiltee verarbeiten.

Die Blätter der Brennnessel sind mit winzigen Stacheln bedeckt. Diese brennen unangenehm auf der Haut, wenn man sie berührt.

Die Brennnessel

Die stachelige Brennnessel wächst oft dicht an Häusern, wenn der Boden dort fruchtbar ist. Aus ihren Blättern lässt sich Dünger herstellen, der den anderen Pflanzen im Garten beim Wachsen hilft. Brennnesseln kann man aber auch essen, zum Beispiel als Suppe, Salat oder sogar als Brennnesselkäse.

Wiesen und Gärten sind oft von Klee überwuchert. Trotzdem schauen darunter noch einige Blumen hervor.

Der Klee

Der Klee ist eine Futterpflanze. In der Landwirtschaft baut man ihn als Tierfutter an. Aber wusstest du, dass man ihn auch verwendet, um den Boden zu verbessern? In den Wurzeln des Klees befinden sich Stoffe, die den Boden fruchtbar machen. Das nützt den anderen Pflanzen.

Die Winde

Die langen Sprossen der Winde winden sich um alles, an das sie herankommen. Sie ersticken die anderen Pflanzen – alles ist ihnen recht um höher hinaus wachsen zu können. Die Winde kann drei mal größer werden als du!

Die blassen, zarten Blüten der Winde sehen hübsch aus.

Die Welt der Blumen

Magie der Farben …
Bunte Blütenblätter öffnen sich in der Sonne. Überall zwischen den Gräsern blühen die Blumen auf den Wiesen.

Was ist eine Blume?

Blumen sind Pflanzen, die an ihren Stängeln Blüten tragen. Die Blüten verschiedener Blumen haben ganz unterschiedliche Farben und Formen. Es gibt winzig kleine Blumen, aber auch solche, die über zwei Meter hoch werden.

Die Blüte

Die zarten Blütenblätter der Blume formen eine farbige, duftende Blüte. In ihrem Innern verbirgt sich ein kostbarer gelber Staub – der Pollen.

Fortpflanzung

Zur Fortpflanzung brauchen die Blumen Pollen. Dieser wird von Insekten oder dem Wind von Blüte zu Blüte getragen. Mit Hilfe des Pollens produzieren die Blumen im Innern der Blüten ihre Samen. Aus diesen Samen können nun neue Blumen entstehen.

Wenn die Sonne scheint, entfaltet die Blume ihre Blütenblätter.

Vom Duft und der Farbe der Blüte angelockt, lässt sich die Biene auf den Blütenblättern nieder.

Das Leben einer Blume

Im Frühling findest du die meisten Blumen im Garten. Sie blühen nur für einige Wochen, dann vertrocknen die Blüten – die Blumen sind verwelkt. Im nächsten Frühjahr kommen sie wieder.

Gartenschönheiten

Sie werden gepflanzt, gegossen und liebevoll gepflegt – Blumen sind die Schmuckstücke des Gartens. Sie sorgen für eine üppige Farbenpracht und einen herrlichen Duft.

Gänseblümchen

Gänseblümchen gehören zu den so genannten Korbblütlern. Das gelbe Innere des Gänseblümchens besteht aus vielen kleinen röhrenförmigen Blüten. Am Rand sind die weißen Blütenblätter in zwei übereinanderliegenden Reihen angeordnet.

Im Mai blühen die meisten Gänseblümchen.

Flieder

Die kleinen Blüten des Fliederstrauchs wachsen in Gruppen und bilden dichte Blütentrauben. Wenn du sie dir aus der Nähe anschaust, wirst du sehen, dass die einzelnen Blüten wie kleine Kelche geformt sind.

Die Blüten des Flieders sind lila oder weiß. Am Abend verbreiten sie einen herrlichen Duft im Garten.

Rosen

Die Rosenstöcke sind die Königinnen der Gartenblumen. Manche Menschen pflanzen ganze Rosenbeete, um ihre Gärten zu verschönern. Außerdem verwendet man Rosen, um Parfüm und Marmelade herzustellen.

Die Rose ist eine elegante Blume mit einem angenehmen Duft. Doch Vorsicht – ihr Stiel ist voller Stacheln!

Die Blüten der Seerose öffnen sich erst unter den Strahlen der Sonne.

Stiefmütterchen

In der Blütenkrone des Stiefmütterchens ragt ein Blütenblatt ein Stück heraus und bildet einen kleinen Hohlraum. In ihm befindet sich eine zuckerhaltige Flüssigkeit, die Insekten anlockt – der Nektar.

Das Stiefmütterchen ist eine der beliebtesten Frühjahrsblumen. Seine Blütenblätter sind ganz zart.

Seerosen

Die Wurzeln der Seerose sitzen im Grund des Teichs. Ihre Blätter schwimmen auf der Wasseroberfläche. Sie haben kleine Röhren, mit denen sie über dem Wasser Luft aufnehmen. Mit Hilfe dieser Röhrchen atmet die Seerose.

Feldblumen

Hier und da sieht man bunte Farbflecken auf den Feldern. Es sind Feldblumen. Einige wurden bewusst gepflanzt, andere wachsen durch Zufall hier. Ihre Samen wurden vom Wind verstreut.

Kornblume

Die Blüten der Kornblume sind blau, fast violett. Wenn man sie trocknet, kann man sie zum Färben verwenden – dazu muss man sie nur ins Wasser tauchen. Sie verleihen Tee und Suppen einen wunderschönen blauen Farbton.

Die Kornblume wächst vor allem am Rande von Kornfeldern, daher auch ihr Name.

Die leuchtend gelben Blüten des Raps ziehen viele Insekten an.

Raps

Wusstest du, dass der Raps zur selben Familie gehört wie der Kohl? Man baut Raps wegen seiner Samen an. Es sind kleine schwarze Kugeln. Wenn man diese auspresst, erhält man ein Öl, das häufig in der Küche verwendet wird.

Klatschmohn

Mit seinen strahlend roten Blütenblättern zählt der Klatschmohn zu den schönsten Feldblumen. Er bevorzugt warme, sonnige und trockene Plätze und gedeiht auf nährstoffreichen Lehmböden.

Der Klatschmohn ist eine sehr zerbrechliche Blume. Wenn man ihn pflückt, beginnt er sofort zu welken.

Exotische Blumen

In den Tropen ist es warm und es regnet viel – paradiesische Bedingungen für Blumen und Pflanzen!

Krokusse

Der Krokus, den wir im Herbst blühen sehen, kommt ursprünglich aus Asien. Eine besondere Untergattung dieser Blume ist der Safran. Inmitten seiner violetten Blütenblätter verbirgt sich das kostbare Gewürz, das man in zahlreichen Gerichten verwendet.

Passionsblumen

Manche Arten der Passionsblume produzieren exotische Früchte, die für ihren säuerlichen Geschmack berühmt sind – die Passionsfrüchte, wie zum Beispiel die Maracuja. Anfangs sind sie orange, später wird ihre Schale dunkel, hart und schrumplig. Die Frucht ist reif – ein wahrer Genuss!

Manche Arten des Krokus blühen im Frühling, andere im Herbst.

Passionsblumen haben wunderschöne Blüten. Bei manchen Arten können diese sehr groß sein. Die Staubblätter im Innern der Blüte sehen aus wie kleine Hämmer.

Orchideen

Orchideen sind geheimnisvolle Pflanzen. Die Insekten erkennen sie an ihrem Aussehen und ihrem Duft. Jede Orchideenart zieht eine ganz bestimmte Insektenart an. Nur diese kann den kostbaren Pollen verbreiten, mit dem sich die Orchideen fortpflanzen.

Das mittlere Blütenblatt der Orchidee ist auffällig gesprenkelt. Es dient den Insekten als Landeplatz.

Vanille

Nur ganz bestimmte Bienen- und Kolibriarten sind in der Lage, die Pollenkörner der Vanillepflanze zu verbreiten. Sie leben nur in Mittelamerika, wo die Vanille herkommt. In anderen Regionen der Erde müssen die Menschen deshalb den Pollen von Hand in die Blüten der Vanillepflanze geben – sonst gibt es keine Vanille!

Die Blüte der Vanillepflanze öffnet sich am frühen Morgen. Wenige Stunden später ist sie bereits verwelkt.

Achtung, giftig!

Obwohl sie ganz harmlos aussehen, sind einige Blumen sehr gefährlich ...

Der Oleander ist sehr gefährlich. Aus seinem Saft stellt man ein Gift her, um Mäuse und Ratten zu töten.

Giftige Blumen

Manche Blumen sind giftig. Man darf sie auf keinen Fall essen, und muss sich sofort gründlich die Hände waschen, wenn man sie berührt hat. Die Blüten, der Saft, die Wurzeln und die Blätter sind gefährlich. Sogar das Wasser in der Vase, in der die Blumen stehen, ist giftig!

Anfang Mai blühen die weißen Blüten des Maiglöckchens. Doch Vorsicht, das hübsche Maiglöckchen ist eine giftige Blume.

Der Schierling wächst an Teichen und Flüssen.
Er enthält ein sehr gefährliches Gift.

Im Schatten der Bäume

Rings um seinen mächtigen Stamm breitet der Baum seine Zweige aus. Im Frühling wachsen hier Blätter und Blüten. Bald darauf reifen kleine Früchte in der Sonne …

Was ist ein Baum?

Bäume sind große Pflanzen. Sie können höher werden als Häuser! Ihr fester Stamm geht in eine blättertragende Baumkrone über.

Wie sieht ein Baum aus?

Bäume haben einen festen Stamm und lange Äste, die mit Blättern bedeckt sind. Ihre Wurzeln sind fest im Boden verankert. Sie nehmen in der Erde Wasser auf, das der Baum zum Leben braucht.

Bäume können mehrere Meter hoch werden. Ihr Stamm ist durch eine dicke, harte Rinde geschützt.

Knospen

Ganz klein zusammengefaltet und verknittert liegen die Blätter des Baums mehrere Monate lang geschützt in den Knospen. Im Frühling brechen diese auf, und die Blätter entfalten sich.

Dieses Kastanienblatt ist noch nicht aus der Knospe hervorgekommen.

Sommergrün und Immergrün

Sommergrüne Bäume verlieren im Herbst ihre Blätter. Im Winter sind ihre Äste kahl, bis dann im Frühjahr wieder neue Blätter sprießen. Es gibt aber auch Bäume, die ihre Blätter im Winter behalten. Diese Bäume nennt man immergrüne Bäume.

Im Herbst werden die Blätter an den Bäumen gelb. Sie vertrocknen und fallen herab.

Wenn die Blätter fallen

Sommergrüne Bäume verlieren im Herbst ihre Blätter. Ihr Aussehen ändert sich mit den Jahreszeiten. Mit ihren kahlen Ästen erkennt man sie im Winter kaum wieder!

Die Blüten der Kastanie wachsen in Trauben. Ein wahrer Festschmaus für die Bienen in der Umgebung!

Kastanie

Kastanien sind sehr große Bäume. Gegen Ende des Winters bilden sie viele klebrige Knospen. Aus diesen entfalten sich im Frühling Blätter, die so groß sind wie dein Schulranzen!

Die Äste der Trauerweide sind so biegsam, dass sie bis ins Wasser herunterhängen.

Trauerweide

Die Blüten der Trauerweide bilden kleine weiche Kugeln, die man Kätzchen nennt. Sie duften ganz zart und locken auf diese Weise Bienen an. Die Früchte sehen aus wie kleine Kapseln und werden schon vom kleinsten Windhauch fortgetragen.

Im Herbst leuchten die Blätter des Ahorns in allen Rottönen.

Ahorn

Der Ahorn ist der Lieblingsbaum der Kanadier – er ist sogar auf der kanadischen Flagge abgebildet! Man erntet dort den Saft des Baumes, um daraus Sirup zu machen – den Ahornsirup, der ganz lecker zu Pfannkuchen schmeckt.

Linde

Die Linde ist ein sehr nützlicher Baum. Ihr Holz ist weich, man verwendet es oft für Möbel und Schnitzereien. Aus ihren kleinen grünen Blüten lässt sich Tee zubereiten.

Die runden Blätter der Linde haben eine schöne dunkelgrüne Farbe. Auf der Unterseite sitzen winzige weiße Härchen.

Nadelbäume

Die Blätter der meisten Nadelbäume sind lang, dünn und nadelförmig. Bis auf einige wenige Ausnahmen sind die Bäume immergrün und behalten ihre Nadeln auch im Winter.

Mammutbaum

Das Holz des Mammutbaums ist durch seine sehr dicke Rinde gut vor Insekten und Waldbränden geschützt. Der mächtige Baum wird oft zur Verschönerung in Parkanlagen und Gärten gepflanzt.

Die Zweige der Tanne behalten ihre Nadeln auch im Winter.

Tanne

Die Tanne ist in Europa weit verbreitet. Sie ist ein großer Baum, der über 400 Jahre alt werden kann. Ihr Holz ist sehr fest, es wird oft für Dachbalken verwendet.

Die riesigen Mammutbäume können über 2000 Jahre alt werden!

Die Äste der Pinie sind ausgebreitet wie ein Schirm.

Pinie

Die Pinie ist in der Mittelmeergegend sehr verbreitet. In ihren Zapfen verbirgt sich ein kleiner Schatz – die Pinienkerne. Sie sind kleine Samen, die man entweder knabbern oder zum Backen verwenden kann.

Im Schutz der Eiche

Auf ihrem Stamm, hinter ihren Blättern, zwischen ihren Zweigen – in der Eiche verbergen sich viele kleine Geheimnisse.

Die Eiche

Die Eiche spielt eine sehr wichtige Rolle im Wald. Manche Schmetterlinge legen ihre Eier nur auf Eichenblättern ab. Die Früchte der Eiche, die Eicheln, sind bei vielen Tieren im Wald heiß begehrt. Eichhörnchen, Dachse und Rehe fressen sie gerne.

Der Eichelhäher hat inmitten der Zweige sein Nest gebaut. Im dichten Laub der Eiche sind seine Jungen gut geschützt.

Die Eicheln sind die Früchte der Eiche. Anfang Herbst sind sie reif und fallen zu Boden.

Die Eiche ist ein majestätischer Baum. Du kannst sie ganz leicht an der Form ihrer Blätter erkennen.

Früchte in allen Farben

Apfel, Erdbeere, Pfirsich, Mango, Ananas – die Natur bietet Früchte in den unterschiedlichsten Formen, Farben und Düften … und jede Frucht ist ein wahrer Genuss!

Was ist eine Frucht?

Im Frühling sind die Äste der Bäume mit Blüten bedeckt. Doch dann verändern sie sich ... Zwischen den verwelkenden Blütenblättern bilden sich kleine Früchte.

Die Samen einer Pflanze sind empfindlich. Um sie zu schützen, produziert die Pflanze eine ganz spezielle Hülle – die Frucht.

Die Samen

Sobald in einer Blüte Samen entstanden sind, beginnt sie sich zu verändern. Ihre Blütenblätter verwelken und fallen nach und nach ab. Die Blüte verwandelt sich in eine Frucht. Zuerst ist sie klein und grün, in der Sonne wächst und reift sie jedoch.

Trauben sind die Früchte der Weinrebe. Aus ihnen kann man Traubensaft oder Wein herstellen.

Lecker!

Im Obstsalat, als Nachtisch oder einfach zwischendurch – wir Menschen lieben Früchte. Deshalb pflanzen viele Gartenbesitzer Obstbäume an. Doch auch Tiere mögen Früchte gerne. Man muss ganz schön raffiniert sein, wenn man die Spatzen im Obstgarten erfolgreich verjagen will!

Unterschiede

Jede Frucht ist anders. Es gibt große, wie zum Beispiel die Wassermelone, aber auch ganz kleine, wie die Johannisbeere. Manche Früchte sind weich, wie die Himbeere, andere sind hart, wie die Haselnuss.

Diese Früchte sind sehr unterschiedlich im Geschmack, aber alle sehr lecker. Überall auf der Welt isst man Früchte.

Früchte aus dem Garten

Im Obstgarten pflanzt man Obstbäume. Kirschbäume, Aprikosenbäume, Pfirsichbäume, Apfelbäume ... An all diesen Bäumen reifen wunderbare Früchte.

Birne

Es gibt zwei verschiedene Sorten Birnen. Die eine wird Ende des Sommers geerntet und kann sofort verzehrt werden. Im Winter muss man Geduld haben. Birnen, die jetzt gepflückt werden, müssen nach der Ernte erst noch ein paar Tage reifen, bevor man sie essen kann.

Zwischen den glänzenden Blättern des Birnbaums reifen die Birnen in der Sonne.

Die Schale der Aprikose ist samtweich und haarlos. Im Innern der Frucht verbirgt sich ein Kern.

Aprikose

Aprikosen sind gelb-orange und süß. Sie brauchen Wärme und Sonne, um zu reifen. Aus ihnen kann man leckere Marmelade machen.

Kirschen kann man roh, aber auch als Kompott, Marmelade, im Kuchen oder als Jogurt essen.

Diese Kirschen sehen aus wie Ohrringe!

Kirsche

Es gibt verschiedene Sorten Kirschen. Süßkirschen sind saftig und süß. Sauerkirschen sind etwas kleiner und schmecken säuerlich. Und sogar gelbe Kirschen gibt es – sie sind sehr weich und süß.

Pfirsiche sind sehr empfindliche Früchte. Sie müssen mit der Hand geerntet werden.

Pfirsich

Pfirsiche und Nektarinen gehören zur selben Familie. Ist die Schale weich und flaumig, ist es ein Pfirsich. Nektarinen haben eine glatte, glänzende Schale.

Ob rot, gelb oder grün – Äpfel sind einfach zum Anbeißen!

Apfel

Aus Äpfeln lassen sich viele verschiedene Desserts zaubern. Im Kuchen, als Gelee, als Kompott, oder einfach roh als Schnitze, sind sie ein Genuss für Groß und Klein. Presst man sie aus, erhält man einen leckeren Saft, aus dem man auch Apfelwein herstellen kann.

Beerenfrüchte

Ob rot oder violett, süß oder sauer – Beerenfrüchte eignen sich hervorragend für Kuchen und Marmelade.

Erdbeere

Die Erdbeere ist eigentlich keine Frucht. Das Innere der Blüte ist zuerst grün. Dann schwillt es an und verfärbt sich rot. Jetzt ist es bedeckt mit den eigentlichen Früchten – den Nüsschen. Es sind die kleinen gelben Samen auf der Oberfläche der Erdbeere!

Zahlreiche Vögel, aber auch Säugetiere, wie der Dachs, der Igel oder der Rotfuchs lieben Erdbeeren. Selbst Weinbergschnecken und Tausendfüßer fressen sich an ihnen satt.

Himbeere

Die Himbeere besteht aus vielen kleinen Früchten. Jede der kleinen Kugeln der Beere ist eine eigene Frucht. In der Mitte der Beere sitzt ein kleiner Kern – das ist der Samen des Himbeerstrauchs.

Himbeeren kann man erst essen, wenn sie ganz rot sind.

Johannisbeeren wachsen in Trauben zusammen. Wenn sie rot und glänzend sind, kann man sie essen.

Rote Johannisbeere

Johannisbeeren sind kleine, säuerliche Beeren. Sie sind mit Beginn des Sommers reif. Aus ihnen kann man Gelee, Kuchen oder Marmelade machen.

Neben den roten, gibt es auch weiße und schwarze Johannisbeeren.

Heidelbeere

Heidelbeeren sind kleine blaue Beeren mit süßem Geschmack. Sie wachsen oft in den Mittelgebirgen.

Schwarze Johannisbeere

Hast du schon mal schwarze Johannisbeeren gegessen? Sie sind ziemlich sauer ... Besser schmecken sie gekocht, im Kuchen oder als Marmelade. Sie sind sehr gesund, weil sie viele Vitamine enthalten.

Wenn die Heidelbeeren reif sind, bildet sich auf ihrer Oberfläche ein feiner weißer Staub.

Nüsse

Nüsse sind die Samenkerne von Früchten. Sie sind sehr vitaminreich und gesund. Ein Genuss für Groß und Klein!

Erdnuss

Erdnüsse gehören trotz ihres Namens nicht zu den Nüssen, sondern zu den Hülsenfrüchten. Die Blütenstiele wachsen nach unten und bohren sich dann in den Boden. Hier reifen dann unter der Erde die Früchte.

Am Erdnussstrauch sind die Erdnüsse durch eine Schale geschützt. Um die Erdnüsse essen zu können, muss man sie zuerst schälen.

Die Walnuss besitzt gleich zwei Hüllen: eine grüne Außenschale und eine braune Innenschale.

Walnuss

Die Walnuss wird schon seit dem Mittelalter angebaut. Man kann die Nüsse auspressen und Öl aus ihnen herstellen, das sich besonders gut für Salate eignet. Aus der braunen Schale werden Färbeprodukte hergestellt.

Haselnuss

Im Innern der sehr harten Haselnussschale verbirgt sich ein kleiner Kern. Er ist von einer zarten Haut bedeckt, die einen leicht süßlichen Geschmack hat. Die Haselnuss wird oft für Kuchen, Kekse und Bonbons verwendet.

Die Haselnuss liegt geschützt zwischen den kleinen Deckblättern. Sie biegen sich auseinander, wenn die Haselnuss reif ist.

Mandel

Mandeln sind die Samen des Mandelbaums. Sie sind umhüllt von einer harten Schale. Es gibt sowohl süße als auch bittere Mandeln. Süße Mandeln kann man zu Puder oder Öl verarbeiten, mit dem Babys eingerieben werden.

Wenn sie noch am Mandelbaum hängen, sind die Mandeln von einer flauschigen, blassgrünen Hülle umgeben.

Wenn die Pistazie reif ist, öffnet sich die Schale ganz von allein.

Pistazie

Die Früchte des Pistazienbaums enthalten blassgrüne Samen, die so groß sind wie Oliven – die Pistazien. Man kann sie roh oder gekocht essen, als Creme oder Eis.

Früchte aus dem Süden

Regionen, in denen es sehr warm ist und wo es häufig regnet, sind der perfekte Ort für Pflanzen. Dort wachsen vor allem große, bunte und süße Früchte.

Ananas

Das Fruchtfleisch der Ananas ist gelb und hat einen intensiven Geschmack. Man kann es roh oder als Marmelade essen. Außerdem wird die Ananas verwendet, um Essig und alkoholische Getränke herzustellen. Aus den Blättern der Ananas stellt man Faden und Stoffe her.

Orange

Unter der dicken Schale der Orange verbirgt sich ein Schatz. Wenn man sie auspresst, gibt die Orange einen süß-sauren Saft frei, der oft zum Frühstück getrunken wird. Er ist nicht nur sehr lecker, sondern auch sehr reich an Vitamin C.

Die Ananas besteht aus vielen kleinen Früchten. Unter jeder der sechseckigen Platten an der Oberfläche sitzt eine.

Orangen sind anfangs grün. Um ihre schöne Farbe zu erhalten, müssen sie mehrere Wochen in der Sonne reifen.

Unter der harten Schale der Kokosnuss verbirgt sich das weiße, leicht süßliche Fruchtfleisch.

Kokosnuss

Die Kokosnuss ist keine echte Nuss, sondern die Frucht der Kokospalme. Ihr weißes Fruchtfleisch sitzt an der Innenseite der braunen Schale und kann roh gegessen werden.

Mango

Die dicke glänzende Schale der Mango schützt das saftige Fruchtfleisch. Es ist gelb, fast orange, und hat einen sehr intensiven Geschmack. Der Kern, der den Samen enthält, ist länglich und mit Fasern bedeckt.

Eine Mango kann bis zu 2 Kilo schwer werden – das ist so schwer wie zwei Päckchen Fruchtsaft!

Leckeres Gemüse

Gemüse lässt sich ganz einfach im Garten anbauen. In jeder Jahreszeit gibt es Sorten, die man ernten und genießen kann.

Was ist Gemüse?

Gemüse gibt es in allen Formen und Farben – jedes hat seine Besonderheiten. Gar nicht so einfach, sich da zurechtzufinden …

Hier wird das Gemüse in langen Reihen angepflanzt.

Gemüseanbau

In Gewächshäusern kann der Gärtner die optimalen Bedingungen für das Wachstum seiner Pflanzen schaffen. Das Gemüse braucht gute Erde, ausreichend Bewässerung, eine ganz bestimmte Temperatur und viel Licht, um zu reifen.

Gemüsegarten

Im Gemüsegarten baut der Gärtner Gemüse an. Zu jeder Jahreszeit sind andere Gemüsesorten bereit zur Ernte. Im Frühling die Salatköpfe, im Sommer die Tomaten, im Herbst die Kürbisse, und im Winter der Kohl.

Damit das Gemüse im Gemüsegarten gedeiht, benötigt es viel Pflege.

Gemüse ist sehr gesund. Für jeden Geschmack ist etwas dabei!

Essbare Pflanzenteile

Der Begriff Gemüse bezeichnet essbare Pflanzenteile. Manchmal handelt es sich dabei um die Früchte, die Blätter, die Wurzeln oder sogar um den Stiel einer Pflanze. Vom Obst unterscheidet sich Gemüse darin, dass es vor dem Verzehr meist gekocht und zubereitet wird.

Blüten, Blätter und Stiele

Manche Gemüse, wie zum Beispiel Salat, sind Blattgemüse. Andere, wie zum Beispiel Lauch, sind Stielgemüse. Diese Bezeichnungen beschreiben, welchen Teil der Pflanze wir zubereiten und essen.

Salat

Salat ist ein Gemüse, das meist roh gegessen wird, weil die Blätter beim Kochen kaputt gehen. Salat baut man entweder auf dem Feld an oder in großen Gewächshäusern, um ihn vor Frost zu schützen.

Mehrere Wochen nachdem man sie gesät hat, sind jetzt dutzende Salatköpfe zur Ernte bereit.

Ganz dicht aneinander gedrängt sind diese Selleriestiele in einem Bündel gewachsen.

Sellerie

Sellerie wird im Spätsommer geerntet. Man isst seine Stiele roh oder im Salat. Sellerie enthält Kalzium. Es hilft deinem Körper, stabile Knochen aufzubauen.

Versteckt unter großen Blättern verbirgt sich in der Mitte des Blumenkohls das weiße Innere. Das sind tausende kleine Blüten, die dicht gedrängt aneinander sitzen.

Kohl

Brokkoli, Rosenkohl, Rotkohl ... – es gibt viele verschiedene Sorten Kohl. Man isst sie roh oder gekocht, im Salat oder in der Suppe. Ihre Blätter sehen entweder glatt oder knitterig aus.

Lauch ist ein großes Gemüse. Er kann so lang werden wie dein Bein!

Lauch

Sobald man ihn von seinen Wurzeln und Blättern befreit hat, eignet sich der lange Stiel des Lauchs hervorragend, um Suppe zu kochen. Hättest du bei seinem Aussehen gedacht, dass er ein naher Verwandter der Zwiebel ist?

Wurzelgemüse

Die Wurzeln mancher Pflanzen sind essbar und schmecken richtig lecker. Man nennt sie Wurzelgemüse.

Karotte

Die Karotte ist eine süßlich schmeckende Wurzel. Man kann sie als Ganzes knabbern, raspeln oder in Scheiben schneiden, aber auch Saft, Suppe und sogar Kuchen aus ihr machen. Karotten sind sehr gesund und sorgen für eine schöne Haut.

Will man sie essen, muss man zuerst die langen orangenen Wurzeln der Karotte aus der Erde ausgraben.

Mairübe

Die Mairübe, auch weiße Rübe oder Navette genannt, ist ein altes Gemüse. Schon seit sehr langer Zeit bauen die Menschen sie für sich und ihre Tiere an. Diese drollige, weiß-violette Wurzel kann man zu Fleischgerichten oder in Suppen essen.

Die Wurzeln der Mairübe können rund oder flach sein.

Weltweit gibt es ungefähr 5000 verschiedene Kartoffelsorten.

Kartoffel

Die Wurzeln der Kartoffelpflanze liegen unter der Erde. An manchen Stellen verdicken sie sich und bilden Knollen. Wenn diese Wurzelknollen groß genug sind, gräbt man sie aus – das sind dann die Kartoffeln.

Im Sommer erntet man kleine Rettiche, wie zum Beispiel die Radieschen. Die Rettiche, die man im Winter erntet, sind lang und schwarz.

Rettich

Auch der Rettich ist eine Wurzel. Man kann ihn roh knabbern, um seinen vollen, manchmal etwas herben Geschmack auszukosten. Seine Blätter kann man verwenden, um Suppe zu machen.

Fruchtgemüse

Schon seltsam ... manche Früchte eignen sich nicht besonders gut als Nachtisch – das sind die Gemüsefrüchte.

Tomaten

Es gibt viele verschiedene Sorten Tomaten. Manche sind sehr klein, wie zum Beispiel die Kirschtomaten. Andere, wie zum Beispiel die Fleischtomaten, sind so groß wie Orangen.

Erbsen

Erbsen sind Samen. Sie wachsen in langen Schoten, die jeweils 8 bis 10 Erbsen enthalten. Wenn die Schoten reif sind, öffnen sie sich ganz von alleine – die Erbsen sind bereit zum Verzehr.

1, 2, 3, 4, 5, 6, 7 ... und 8! Meist befinden sich 8 Erbsen in den grünen Erbsenhülsen.

Kirschtomaten sind zwar klein, haben aber einen sehr intensiven Geschmack.

Manchmal erntet man die Paprika wenn sie noch grün ist. Lässt man sie reifen, wird sie rot, orange oder gelb.

Paprika

Sowohl die Pflanze als auch die Frucht wird als Paprika bezeichnet. Im Innern der Schote befinden sich zahlreiche kleine Samen. Die Paprika ist verwandt mit der Peperoni. Außerdem ist sie ein Rekordhalter – kein anderes Gemüse ist so reich an Vitaminen.

Grüne Bohnen

Bohnen sind ein sehr ungeduldiges Gemüse. Man muss sich mit ihrer Ernte beeilen. Wenn man sie zu lange an der Pflanze hängen lässt, wird die Hülse faserig und schmeckt nicht mehr.

Die Hülse und die Samen – an der grünen Bohne schmeckt alles gut.

Kürbisgewächse

So groß wie dein Handrücken oder so schwer wie deine Eltern zusammen – Kürbisse gibt es in allen Größen.

Kürbisgewächse

Weißt du, welche Pflanzen zu den Kürbisgewächsen zählen? Einige werden im Sommer geerntet, so zum Beispiel Gurken und Zucchini. Man pflückt sie, bevor ihre Schale fest wird. Kürbisse selbst lässt man bis weit in den Herbst im Garten reifen. Wenn man sie dann erntet, ist ihre Schale hart wie Holz.

Dicht über dem Boden, inmitten der Pflanzenstiele, wachsen die Zucchini. Schau, die Blüte der Zucchini ist noch nicht abgefallen!

Auch Gurken zählen zu den Kürbisgewächsen. Diese Pflanzen gedeihen im Gewächshaus an künstlichen Stützen. Ihre langen, grünen Früchte baumeln in der Luft.

Es gibt viele verschiedene Sorten Kürbisse. Man kann sie in Speise- und Zierkürbisse einteilen. Im Herbst sieht man oft ausgehöhlte Kürbisse vor den Häusern stehen.
Sie grinsen mit ihren lustigen Gesichtern in die Nacht.

Die Welt der Tiere

Sie fliegen, kriechen, rennen, schwimmen, springen, klettern ... Tiere haben so einige Tricks auf Lager!

Wirbellose Tiere

Wirbellose Tiere sind Tiere, die keine Wirbelsäule besitzen. Oft sind sie klein, und manchmal bemerkt man sie gar nicht. Die meisten wirbellosen Tiere leben im Meer.

Die Schnecke

Die Schnecke gleitet auf einem einzigen Fuß. Dank ihrer Augen und ihrer Fühler kann sie sich orientieren. Sie frisst Blätter, die sie mit Hilfe einer kleinen Raspel in ihrem Mund zerkleinert. Schnecken leben an Land und im Wasser.

Die Schnecke ist aus ihrem Haus hervorgekommen. Ganz langsam kriecht sie vorwärts.

Der Regenwurm

Der Regenwurm bohrt im Boden unterirdische Gänge. Dabei schluckt er Erde und scheidet sie wieder aus. Das macht den Boden fruchtbar.

Der weiche Körper des Regenwurms ist unterteilt in viele kleine Ringe, die Glieder.

Die Garnele

Auf dem Meeresgrund bewegt sich die Garnele mit Hilfe ihrer feinen Beine auf den Felsen fort. Wenn Gefahr droht, zieht sie sich blitzschnell zurück. Dank einer kleinen Flosse am Ende ihres Schwanzes kann die Garnele schnell schwimmen.

Garnelen benutzen ihre kleinen Scheren, um ihre Beute zu fangen.

Die Jakobsmuschel

Bei Gefahr presst die Jakobsmuschel mit aller Kraft das Wasser heraus, das sich zwischen ihren Schalen befindet. Dadurch bewegt sie sich ein gutes Stück weit nach vorne und befindet sich wieder in Sicherheit.

Die Jakobsmuschel schützt ihren weichen Körper durch eine Schale. Wenn man sie stört, schließt sie diese blitzschnell – Klappe zu!

Der Seestern

Der Seestern ernährt sich hauptsächlich von Muscheln. Dazu schlingt er seine kräftigen Arme um die Beute. Mit den Saugnäpfen kann er sie ganz fest halten. Dann zieht er mit aller Kraft an den beiden Schalenhälften, bis die Muschel schließlich aufgibt und sich öffnet.

Unter den Armen des Seesterns sitzen zahlreiche kleine Füße – es sind Saugnäpfe.

Kleine Tiere

Überall auf der Welt wimmelt es von Insekten und Spinnen. Ihre Füße sind behaart, gelenkig, mit Krallen versehen … die Welt dieser kleinen Tierchen bietet eine bunte Vielfalt!

Die Honigbienen saugen Nektar aus den Blüten der Blumen und füllen damit die Waben im Bienenstock.

Honigbiene

Honigbienen leben in einem großen Schwarm mit ihrer Königin zusammen. Sie suchen Schutz in einem Stock, den sie selbst aus Wachs bauen. Aus dem Nektar der Blumen stellen sie einen köstlichen, süßen Honig her.

Um Feinde abzuschrecken, sind die Flügel der Schmetterlinge oft bunt gemustert.

Schmetterling

Die Flügel des Schmetterlings sind bedeckt mit kleinen bunten Schuppen. Er landet graziös auf den Blüten. Dort entrollt er seinen Saugrüssel, um den Nektar zu trinken.

Baumwanze

Die Baumwanze wird nicht gern gestört. Wenn man es doch tut und sie in Angst versetzt, stößt sie einen sehr unangenehmen Duft aus. Ein gutes Mittel um neugierige Störenfriede loszuwerden!

Baumwanzen können grün oder braun sein. Manche verändern sogar im Lauf des Jahres ihre Farbe.

Spinnen haben acht lange Beine – Insekten haben nur sechs.

Spinne

Spinnen sind geschickte Jäger. Manche stellen sogar Fallen für ihre Opfer auf! Sie spinnen ein großes Netz aus klebriger Seide, in dem die kleinen Insekten hängenbleiben. Jetzt muss die Spinne nur noch kommen und kann ihre Beute abholen.

Schwimmkäfer

Der Schwimmkäfer ist ein Insekt, das unter Wasser lebt. Um sich fortzubewegen, benutzt er seine behaarten Beine als Ruder. Er atmet mit Hilfe einer Luftblase, die zwischen den Flügeldecken seines Panzers sitzt.

Im Teich ist der Fleisch fressende Schwimmkäfer als Räuber gefürchtet.

Unter Wasser

Fische leben unter Wasser. Sie atmen mit Hilfe ihrer Kiemen, und bewegen sich mit ihren Flossen fort. Ihre Körper sind oft mit Schuppen bedeckt.

Aal

Aale haben keine Schuppen. Sie sind mit einer schleimigen, durchsichtigen Substanz bedeckt, die sie schützt. Sie schwimmen, indem sie sich mit ihrem langen Körper voranschlängeln. Ein Aal ist ungefähr 1 Meter lang – das ist so groß wie ein 4-jähriges Kind!

Der Aal sieht aus wie eine Schlange, er ist jedoch ein Fisch.

Karpfen

Der Karpfen lebt in ruhigen Gewässern. Nachts jagt er kleine Insekten und fängt Würmer auf dem Grund des Flusses. Zwischen seinen zwei Hauptmahlzeiten knabbert er gerne noch einige Wurzeln.

Der Karpfen ist ein scheuer Fisch. Er versteckt sich am liebsten zwischen den Pflanzen, die auf dem Flussgrund wachsen.

Sardinen leben in einer großen Gruppe zusammen, die man Schwarm nennt.

Der Hai hat einen langen, spitzen Körper.
Damit kann er sehr schnell schwimmen.

Sardine

Der Körper der Sardine ist grün und silbrig, mit schwarzen Flecken. Im Wasser schillert sie und reflektiert die Sonnenstrahlen, die auf die Wasseroberfläche auftreffen. Sardinenschwärme ändern pausenlos die Richtung, um ihre Feinde zu verwirren.

Hai

Haie sind Raubfische. Sie ernähren sich von anderen Fischen, Meeresschildkröten, Robben und manchmal sogar von Delfinen. Mit ihrem sehr feinen Geruchssinn können sie ihre Beute auch aus großer Entfernung ausfindig machen.

Amphibien

Amphibien sind Tiere, die im Wasser geboren werden, später aber auch an Land leben können. Trotzdem findet man sie immer in der Nähe von Gewässern – an Teichen, Wasserläufen oder in feuchten Waldgebieten.

Kröte

Kröten leben an Land. Sie sind größer als Frösche und bewegen sich außerhalb des Wassers eher langsam. Ihre Haut ist nicht glatt, sondern von vielen Warzen bedeckt. Wie Frösche legen auch sie ihre Eier im Wasser ab.

Auf einem Seerosenblatt lauert die Kröte auf Insekten. Das erste Insekt, das ihr zu nahe kommt, wird verspeist.

Der Kamm-Molch hat einen braunen Rücken. Zwischen den Wasserpflanzen im Teich ist er gut getarnt.

Molch

Die meiste Zeit über lebt der Molch auf dem Land. Während der Paarungszeit kehrt er jedoch ins Wasser zurück. Für sein auserwähltes Weibchen vollführt er vor der Paarung einen Tanz. Bald danach legt das Weibchen seine Eier auf dem Grund des Teiches ab und bedeckt sie zum Schutz mit Blättern.

Der europäische Laubfrosch ist ein kleiner Frosch – er ist kaum größer als dein Zeigefinger!

Frosch

Frösche leben die meiste Zeit im Wasser. Dank ihrer langen Zehen mit den Schwimmhäuten sind sie ausgezeichnete Schwimmer. Ihre Haut ist glatt und immer feucht.

Schuppen statt Haare

Die Körper mancher Tiere sind mit Schuppen bedeckt. Diese so genannten Reptilien sind Kaltblüter und brauchen deshalb Sonnenstrahlen, um sich aufzuwärmen.

Leguan

Der grüne Leguan ist zwischen den Blättern der Bäume perfekt getarnt. Dank seiner Farbe sieht man ihn nicht. Gut geschützt, kann er in Ruhe seiner Lieblingsbeschäftigung nachgehen – Blätter knabbern!

Der grüne Leguan ist eine große Echse. Von Kopf bis Schwanz kann er bis zu 2 Meter messen!

Eidechse

Eidechsen sind lustige Reptilien. Sie können ihren Schwanz abwerfen, um sich in Sicherheit zu bringen, wenn ein Angreifer versucht sie zu fressen. Das ist nicht schlimm – innerhalb weniger Wochen wächst ein neuer Schwanz.

Mit Hilfe der Krallen an ihren Beinen kann die Mauereidechse bei der kleinsten Gefahr blitzschnell flüchten.

Diese Riesenschlange, eine Boa constrictor, hat sich um einen Ast geschlungen und beobachtet von dort aus die Umgebung.

Boa

Die Boa tötet ihre Beute, indem sie sie erwürgt. Mit ihrem Körper umschlingt sie ihr Opfer und zieht so fest zu, dass es nicht mehr atmen kann. Wenn die Beute tot ist, öffnet die Boa ihr großes Maul und schlingt sie am Stück herunter.

Wie alle Schildkröten hat auch die Dosenschildkröte keine Zähne. Im Kiefer der Schildkröte befinden sich stattdessen große Kauleisten, die ihr helfen, die Nahrung zu zerkleinern.

Schildkröte

Bei Gefahr ziehen sich Schildkröten in ihren Panzer zurück. Zack – schon schaut nichts mehr aus dem Panzer hervor! Die Dosenschildkröte ist die einzige Schildkröte, deren Panzer sich komplett verschließt. Sobald ihr Kopf eingezogen ist, schließt sich eine kleine Klappe, und die Schildkröte ist komplett im Panzer verschwunden.

Der Körper des Krokodils ist durch einen Panzer aus Schuppen geschützt.

Krokodil

Krokodile können nicht kauen. Manchmal erbeuten sie große Tiere, wie Zebras oder Büffel. Dann müssen sie Fleischstücke aus ihrem Opfer herausreißen, um es fressen zu können. Die abgerissenen Stücke verschlucken sie vollständig.

Bunte Vogelwelt

Flügelschlagend haben die Vögel den Himmel erobert.
Dank ihrer sehr leichten, federbedeckten Körper können sie fliegen.

Mandarinente

Die Mandarinente lebt auf Bäumen und im Wasser. Sie kann also einerseits schwimmen, andererseits klettert sie aber auch sehr geschickt in den Ästen der Bäume herum. Mit ihren Krallen an den Schwimmfüßen kann sie sich gut festhalten.

In der Paarungszeit tragen die männlichen Mandarinenten ihre schönsten Federn.

Der Kolibri ist ein sehr kleiner Vogel. Die kleinste Kolibriart wird nur 6 cm lang, die größte etwa 25 cm.

Kolibri

Kolibris ernähren sich vom Nektar der Blüten. Weil sie sehr schnell mit den Flügeln flattern, können sie in der Luft auf der Stelle stehen bleiben. Sie platzieren sich vor der Blüte, führen ihren langen Saugrüssel ein und trinken den süßen Nektar. Hmmm, lecker!

Im Herbst fliegen die Störche nach Afrika. Sie sind Zugvögel und verbringen den Winter in der Sonne.

Storch

Auf seinen langen, dünnen Beinen kann der Storch ausgezeichnet die Umgebung beobachten. Im hohen Gras schnappt er sich unvorsichtige Frösche, von denen er sich ernährt. Außerdem fängt er im tiefen Flusswasser Fische.

Die Blaumeise ist ein fliegender Akrobat – sie kann in allen Stellungen fressen!

Blaumeise

Blaumeisen bauen ihr Nest in Baumhöhlen oder alten Mauern. Sie füllen das Loch mit Moos auf, bevor sie ihre Eier hineinlegen. Im Winter kommen sie oft ganz nahe an die Häuser heran.

Die Augen der Eule sind so scharf, dass sie sogar bei Nacht sehen kann.

Eule

Eulen sind Raubvögel. Jede Nacht gehen sie auf die Jagd. Mit ihren kräftigen Fängen packen sie ihre Beute. Das können zum Beispiel Mäuse, Fische, Schlangen oder auch große Käfer sein. Zurück in ihrem Nest, fressen sie sie mit Hilfe ihres gekrümmten Schnabels.

Säugetiere

Säugetiere säugen ihren Nachwuchs. Das bedeutet, sie ernähren ihre Jungen mit Milch, die in den Milchdrüsen der Weibchen produziert wird.

Schimpansen klettern zwar gerne auf Bäume, sie können aber auch auf zwei Beinen stehen und laufen.

Schimpanse

Schimpansen leben in Gruppen zusammen. Sie ernähren sich von Blättern, Früchten, und manchmal jagen sie kleine Tiere oder gelegentlich auch andere Affen. In den Ästen der Bäume schlafen sie in Nestern aus Laub. Dort oben sind sie in Sicherheit vor Tieren, die sie angreifen könnten.

Das große Geweih des Hirsches fällt jedes Jahr ab. Zum Glück wächst es jedes Mal wieder nach.

Hirsch

Bei den Hirschen leben die Weibchen in Gruppen, so genannten Rudeln, zusammen. Gemeinsam sind sie besser gegen Angreifer geschützt. Die Männchen leben jedes für sich allein. Sie schließen sich nur in der Paarungszeit den Rudeln an.

Männliche Löwen erkennt man an ihrer Mähne.

Löwe

Löwen sind Raubkatzen, die in Rudeln zusammenleben. Die Weibchen gehen auf die Jagd und bringen die Beute für ihre Jungen und den Rest des Rudels heim. Ganz schön viel Arbeit!

Elefant

Die Nase und die Oberlippe des Elefanten formen einen Rüssel. Er verwendet ihn wie eine Hand, um Gras und Blätter zu seinem Mund zu führen und zu fressen.

Der Elefant ist das größte an Land lebende Säugetier der Erde. Die weiblichen Elefanten leben zusammen mit ihren Jungen in Herden.

In der Wildnis leben Pferde in großen Herden zusammen.

Pferd

Flatternde Mähne und wehender Schwanz – Pferde sind hervorragende Läufer. Feste Hufe schützen ihre Füße. So können sie durch die Landschaft galoppieren, ohne sich zu verletzen.

Meeressäuger

Wale sind Meeressäuger. Sie säugen ihre Jungen und verbringen ihr ganzes Leben im Meer.

Wale

Wale sind wahre Meister im Tauchen. Sie können sehr tief hinabtauchen, um nach Nahrung zu suchen. Allerdings können sie unter Wasser nicht atmen wie Fische. Zum Luftholen müssen sie an die Wasseroberfläche. Dort atmen sie mit Hilfe eines kleinen Lochs auf ihrem Kopf, dem so genannten Blasloch.

Obwohl er so schwer ist wie ein großer Lastwagen, kann der Buckelwal hoch aus dem Wasser springen. Das spritzt ganz schön!

Mit ihren vielen großen Zähnen sind die Schwertwale gefürchtete Räuber.

Auch Delphine sind Meeressäuger.
Der lange schlanke Körper des Delfins ist perfekt zum schnellen Schwimmen geeignet. Delfine benutzen ihre Schwanzflosse, um sich unter Wasser fortzubewegen.

Index

Bildnachweis

Fotos © Agentur JACANA/ HOA-QUI DISTRIBUTION
C. Thiriet/Grandeur Nature: Titelfoto, S. 34 (u.), S. 56 (u.); M. Danegger/AGE: Foto der Rückseite(o.), S. 119 (o.), S. 120 (u.);
S. Satushek/AGE: Foto der Rückseite (Mitte), S. 73 (u.); C. Jouan & J. Rius: S. 44 (o.), S. 61 (o); C. Carroll/AGE: S. 4, S. 65 (u.),
S. 91 (u. r.); F. Raoberdeau: S. 5; J.-P. Deya: S. 6 (o. r.), S.24 (u.); Photo Bank Yokohama: S. 6 (u. l.),
S. 8-9, S. 19 (u.), S. 26 (u.), S. 31 (o.), S. 45 (o.), S. 52 (o.), S. 123; D. Goudouneix/EXPLORER: S. 6 (Mitte o., Mitte), S. 15 (u.),
S. 18-19 (o., u.); M. Renaudeau: S. 6 (Mitte u.), S. 30-31, S. 41; F. Chmura/AGE: S. 6 (u.), S. 48-49; M. Luquet: S. 7 (o.), S. 60-6;
M. Blanco/AGE: S. 7 (Mitte o.), S. 72-73; E. Valentin: S. 7 (Mitte), S. 69 (u.), S. 82-83; V. Klecka: S. 7 (Mitte u.), S. 94-95, S. 100 (o.), S. 103 (r.);
P. De Wilde: S. 7 (u.), S. 15 (o.), S. 106-107; A. Boccaletti: S. 9 (o.); J.-D. Risier/Grandeur Nature: S. 9 (u.); Mallaun/Mauritius: S. 10 (o.);
A. Shah/AGE: S. 10 (u.), S. 28 (o.); Nasa/Upi/Gamma: S. 11; Gamma: S. 12 (o., u.); P. Bourseiller: S. 13; Stocktrek/AGE: S. 14 (o.);
P. Escudero: S. 14 (u.); R. Mattes/EXPLORER: S. 16 (o.); J. Cedre/Grandeur Nature: S. 16 (u.); D. Zintzmeyer: S. 17, 79; Kunst &
Scheidulin/AGE: S. 19 (o.), S. 73 (o.); M. Friedel/Rapho: S. 20 (o.); G. Basso/AGE: S. 20 (u.); J. Pitcher/AGE: S. 2; C. Doerr/AGE: S. 22 (o.);
D. Watts/NPL: S. 22 (u.); C. A. Blakeslee/AGE: S. 23 (o.); J. A. Jiménez/AGE: S. 23 (u.), S. 26 (o.); M. Zaccarini/AGE: S. 24 (o.);
J.-F. Tripelon & M.-J. Jarry/TOP: S. 25 (o.); S. Cordier: S. 25 (u.), S. 43, S. 114 (o.), S. 121 (u.); M. Hill/AGE: S. 27, S. 117 (u.);
F. Krahmer/AGE: S. 28 (u.), S. 38 (o.), S. 75, S. 105; E. Ereza/AGE: S. 29; J. C. Munoz/AGE: S. 31 (u.), S. 53 (u.); J.-P. Lescourret/AGE: S. 32 (o.);
S. Bughet: S. 32 (u.); M. Siepmann/AGE: S. 33; W. Buss: S. 34 (o.), S. 46 (u.); P. Bertrand: S. 35 (o.); O. Joly/EXPLORER: S. 35 (u.);
D. & S. Balfour: S. 36 (o.), S. 121 (Mitte); M. Denis-Huot: S. 36 (u.); Shah/NPL: S. 37; S. Cordier/EXPLORER: S. 38 (u.);
K. Oyhara/AGE: S. 39 (o.); B. Perousse/AGE: S. 39 (u.); G. Holland/AGE: S. 40 (o.); K. Aitken/AGE: S. 40 (u.);
K. Schafer/IMAGESTATE/GHFP: S. 42 (o.); E. Baccega: S. 42 (u.); E. A. Janes/AGE: S. 44 (u.), S. 59; J.-M. Lecerf: S. 45 (Mitte);
Y. Tierny/EXPLORER: S. 45 (u.); D. Noirot: S. 46 (o.); P. Masclaux: S. 47;
D. Mcewan/NPL: S. 49 (o.), S. 51 (o.), S. 91 (o.); B. Borrell/AGE: S. 49 (u.), S. 104 (o.), S. 111 (u.), S. 115; M. Hoang Cong: S. 50 (o.), S. 61 (u.),
S. 86 (o.); C. Mattison/AGE: S. 50 (u.), S. 68 (u.), S. 116 (u.); G. Azumendi/AGE: S. 51 (u.); T. J. Rich/NPL: S. 52 (u.), S. 119 (Mitte);
Marevision/AGE: S. 53 (o.), S. 109 (u. l.), S. 112 (o.); S. Windstrand/NPL: S. 54 (o.); A. Cavalli/AGE: S. 54 (u.); J. Fuste Raga/AGE: S. 55;
L. Giraudou/EXPLORER: S. 56 (o.); B. Amengual/AGE: S. 57 (o. l.); M. Gounot: S. 57 (u.); D. Bringard: S. 58 (u.), S. 110 (l.);
Y. Brioux/Grandeur Nature: S. 62 (o.), S. 68 (o.), S. 89 (o. l.), S. 96 (r.), S. 108 (o.); P. Lorne: S. 62 (u.), S. 84 (o.), S. 110 (r.); X. Richer: S. 63;
K. Boykin/AGE: S. 64 (o.); C. Aaubriac: S. 64 (u.); J. Pichter: S. 65 (o.); T. Labra/AGE: S. 65 (Mitte r.); R. Konig: S. 66 (o.), S. 108 (u.);
P. Roy: S. 66 (u.b), S. 96 (l.), S. 98 (o.), S. 101 (l.); P. Pilloud: S. 67; J. W. Warden/AGE: S. 69 (o.); G. Thouvenin: S. 70 (u.); Maza: S. 74 (r);
D. Bringard/EXPLORER: S. 74 (u. l.); R. Calvert/IMAGESTATE/GHFP: S. 77 (o.); C. Vaisse: S. 78 (l.); D. Kjear/NPL: S. 78 (r.);
A. Masague/AGE: S. 80 (u.); B. Lawrence/IMAGESTATE: S. 81; B. Morandi: S. 83 (o.); A. J. J. Estudi/AGE: S. 83 (u.), S. 97;
C. & E. Valentin: S. 85; L. Grive/Grandeur Nature: S. 86 (u.), S. 92 (u.); M. Rugner/AGE: S. 87 (o. l.); L. Murray/AGE: S. 87 (o. r.);
P. Holmes/AGE: S. 87 (u.); C. Aubriac/Grandeur Nature: S. 88 (u.), S. 89 (o. r.), S. 102 (r.); N. Benvie/NPL: S. 89 (u.); D. Reperant: S. 90 (l.);
J. B. Ruiz NPL: S. 91 (u. l.); K. Cabanis/AGE: S. 92 (r.); G. Dou WMA/NPL: S. 93 (o. l.); L. Cary/AGE: S. 95 (o.); F. Lukassek/AGE: S. 95 (u.);
Esseuve/AGE: S. 99 (l.); P. Lilja/AGE: S. 101 (r.); C. Adam/TOP: S. 102 (l.); Proles Production/AGE: S. 103 (l.); C. Cheadle/AGE: S. 104 (u.);
A. Lopez Roman/AGE: S. 107 (o.), S. 111 (o.); Morales/AGE: S. 107 (u.); L. Pozzoli: S. 109 (o.); G. Felix: S. 109 (u. r.);
B. Castelein/NPL: S. 111 (Mitte); J. M. Borrero/NPL: S. 112 (u.), S. 113 (u.); M. Jonilonis/AGE: S. 113 (o.); J. Cancalosi/NPL: S. 114 (u.);
D. Scott/AGE: S. 116 (o.); M. MCDonald/NPL: S. 117 (o.); L. M. Stone/NPL: S. 117 (Mitte);
M. Newman & Associated/IMAGESTATE/GHFP: S. 118 (o.); A. Mercieca/PHOTO RESEARCHERS: S. 118 (u.); M. Anich/AGE: S. 119 (u.);
A. Shah: S. 120 (o.); B. Bollmann/AGE: S. 121 (o.); M. S. Nolan/AGE: S. 122 (o.); M. Ruegner/IMAGESTATE/GHFP: S. 122 (u.).

© Agentur COLIBRI
J.-M. Prévot: Foto der Rückseite (u.), S. 57 (o. r.); A. Guerrier: S. 58 (o.), S. 70 (o.), S. 76 (o.), S. 77 (u.); J.-L. Paumard: S. 71;
S. Bonneau: S. 76 (u.); C. Aussagel: S. 80 (o.); A. Christof: S. 84 (u.); G. Bonnafous: S. 88 (o.); P. A. Vivion: S. 90 (r.); L. Triolet: S. 93 (o. r.);
Negro/CRETU: S. 93 (u.); S. Breal: S. 98 (u.); R. Toulouse: S. 99 (r); P. Nief: S. 100 (u.).